삼국지톡

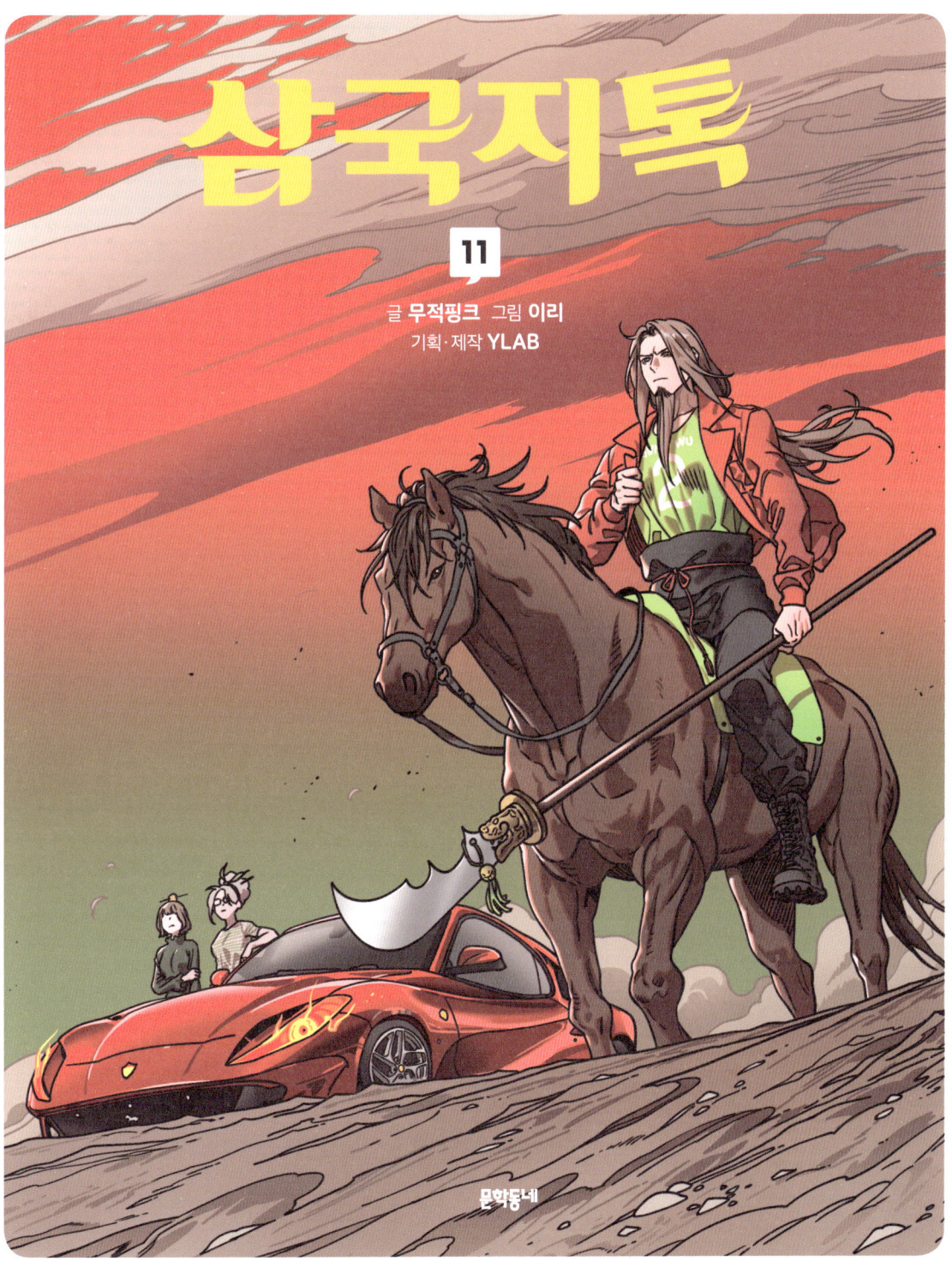

등장인물

 **유비**(字 현덕)
조조와 황제 유협을 떠나, 고심 끝에 원소를 찾아간다.

 **조조**(字 맹덕)
전투에 능한 관우에게 반한다. 유비에 이어 관우가 떠날까봐 노심초사한다.

 **원소**(字 본초)
조조를 떠나 자신을 찾아온 유비를 보살핀다.
그러나 마음 한편으로는 그를 경계한다.

 **관우**(字 운장)
유비의 의형제이자 전투력이 강한 장수.
조조 휘하에서 원소의 장군과 결투를 벌인다.

 **장비**(字 익덕)
유비의 의형제. 유비를 보호하고자 나선 전투에서 행방이 묘연해진다.

 **유표**(字 경승)
형주를 다스리는 지도자이자 원소가 경계하는 인물.

 **감녕**(字 흥패)
'감녕수적단'의 두목. 유표 아래에서 궂은일을 도맡아 했다.

차례

· 「관도대전」 4부 ·

一. 허도로 몰려오는 피바람 … 6	十五. 다시 만난 유비와 관우 … 147
二. 조조의 두통과 닥터 길평 … 22	十六. 모든 것은 관도에서 … 157
三. 포위당한 유비 … 31	十七. 유표에게 가자 … 168
四. 사로잡힌 관우 … 42	十八. 감녕의 화려한 외출 … 177
五. 유비, 원소에게 가다 … 52	十九. Flex의 제왕, 감녕 … 186
六. 원소의 선빵 … 62	二十. 능통 아빠, 능조 … 195
七. 진림의 뼈아픈 인신공격 … 71	二十一. 감녕, 능조를 죽이다 … 204
八. 미끼가 된 조조 … 83	二十二. 유비의 새 주인 … 213
九. 관우 vs. 안량 … 92	二十三. 조조를 떠나는 관우 … 223
十. 의심받는 유비 … 101	二十四. 도장과 황금을 돌려주다 … 234
十一. 큰 파티, 작은 파티 … 110	二十五. 관우, 다섯 관문을 지나다 上 … 245
十二. 새 주인 찾은 적토마 … 119	二十六. 관우, 다섯 관문을 지나다 中 … 255
十三. 발목 잡는 장료 … 129	二十七. 관우, 다섯 관문을 지나다 下 … 267
十四. 문추를 벤 관우 … 138	二十八. 관우 vs. 장비 … 276

허도로 몰려오는 피바람

* 〈정사〉 원술, 마등, 한수 등 크고 작은 세력들, 허도 위협하다.
** 〈연의〉 유비, 원술을 치겠다며 조조에게 떠나게 해달라 조르다. (사실 원술은 이때 이미 죽었다)

*〈연의〉 유비, 허도 외곽에서 허저가 이끄는 조조군에 포위당하다.
**〈정사〉 조조, "일단 인재를 뽑으면 믿는 것이 내 원칙이다."

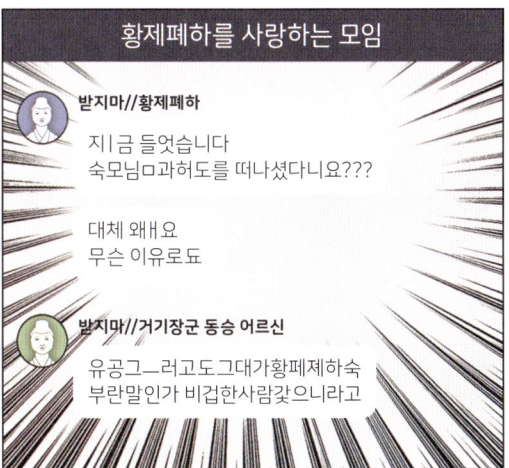

*〈연의〉 황제와 동승 비롯한 반反조조파, 떠나는 유비 잡지 못하다.

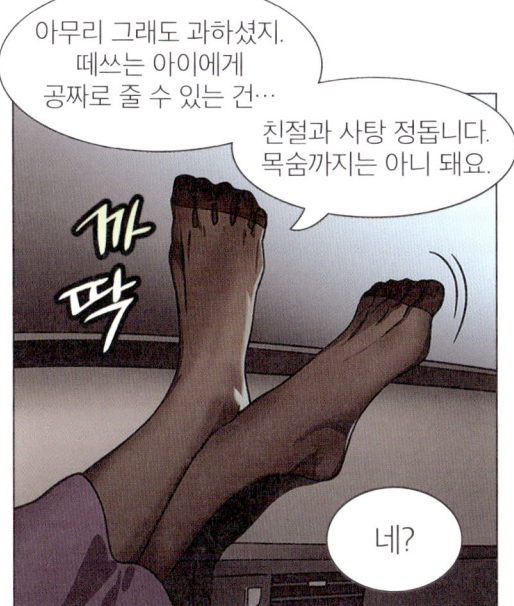

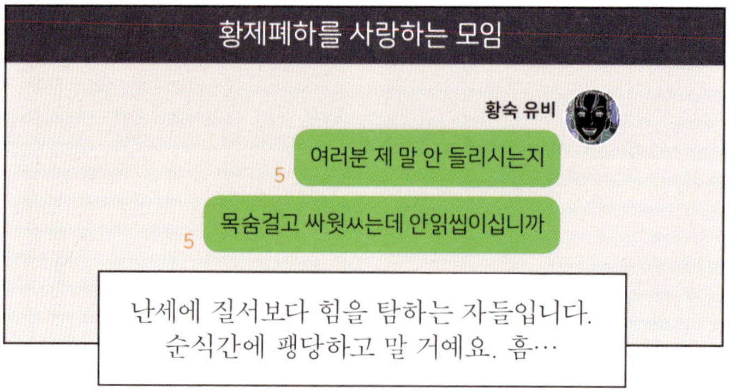

조조는 건드려선 안 될 놈을 건드렸어.

원소의 분노가 허도를 덮칠 테니, 우리 또한 불타 사라질 테지… 조조와 함께!

…예, 회장님!

그럴 수야 없지요!

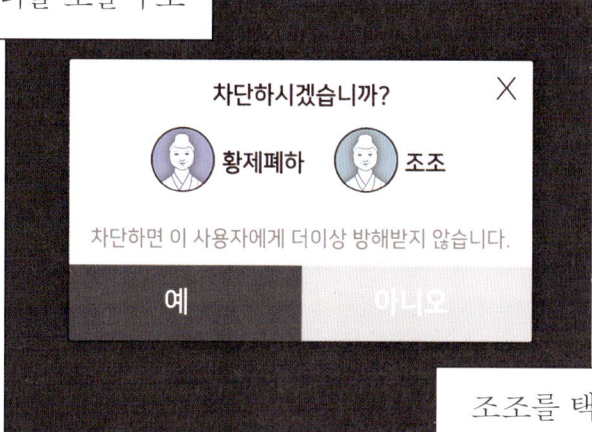

二.

조조의 두통과 닥터 길평

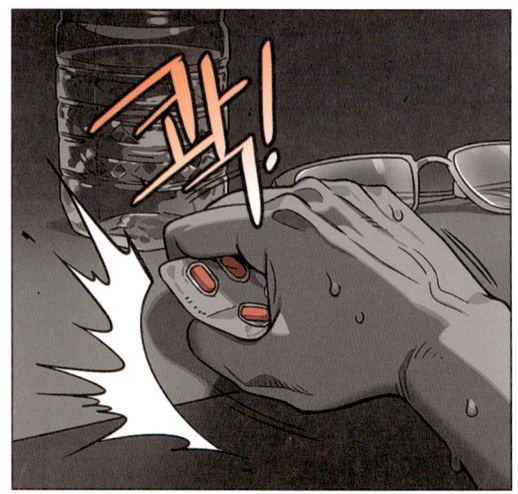

*〈정사〉 조조, 아주 오래 두풍에 시달리다.

*〈연의〉 독이 든 조조의 두통약. 어찌나 지독한지 돌바닥마저 가르다.

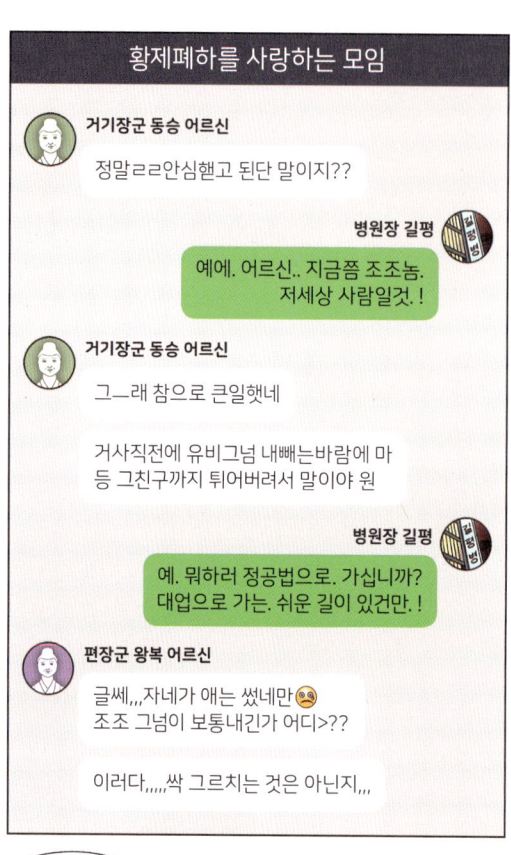

*〈연의〉 조조 주치의 길평, 반조조파 우두머리인 동승과 손잡고 조조 암살하고자 하다.
**〈연의〉 동승, 조조에 맞설 머릿수가 모자라 고민하다. 길평, 속삭이다. "독을 쓰면 조용히 처리할 수 있을건만, 왜 구태여 군사를 일으키려 하십니까?"
***〈연의〉 길평, 자신만만하게 말하다. "조조 목숨은 소인 손에 달렸습니다!"
****〈역사〉 옛날엔 지금과 달리 의사 같은 전문직이 천대받았다.

*〈연의〉 조조, 길평 잔인하게 고문하다. 매를 치고 손마디를 끊다.
**〈연의〉 조조, 군사 3천 명을 뽑아 어림군(근위대)으로 삼다. 황궁 제압하다.

三. 포위당한 유비

*〈정사〉 조조, 암살에 가담한 자들은 물론 그 가족들까지 잡아들이다.

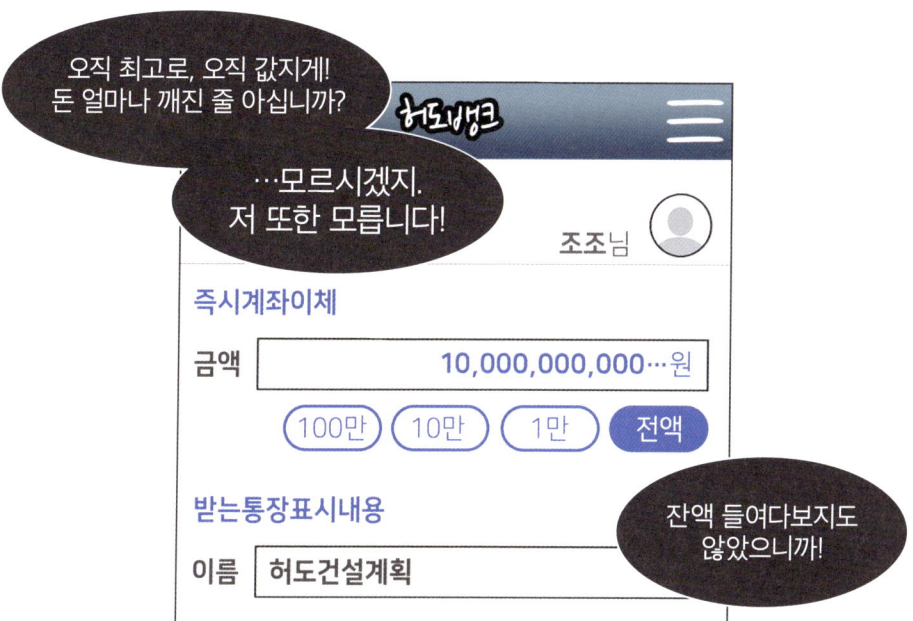

*조조 암살모의 사건(의대조)은 황세와 황족이 권신(조조)을 없애고 황권을 강화하고자 한 쿠데타였다.

*〈정사〉 조조. "나는 오직 강력한 재상이 되어 황제를 보필하고 싶을 뿐이다."

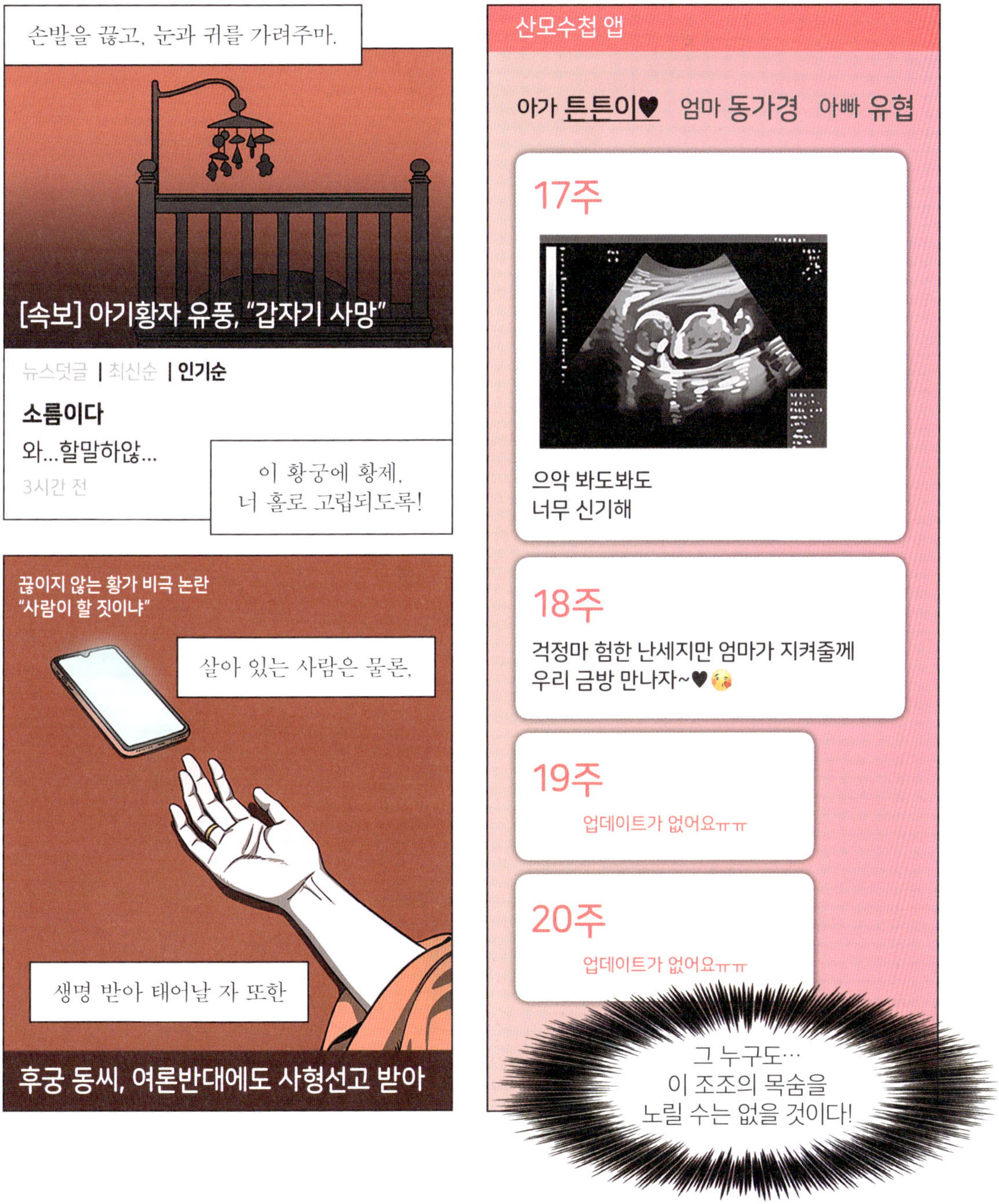

*〈정사〉 조조, 붙잡은 700명을 모조리 죽이다.

*〈연의〉 조조, 헌제 폐위를 생각했으나 정욱, 이를 반대하다.

*〈정사〉 조조, 자신을 배신하고 도망친 유비를 벌하고자 하다.
**〈정사〉 독 바짝 오른 조조, 손수 대군을 이끌고 서주로 달려오다.

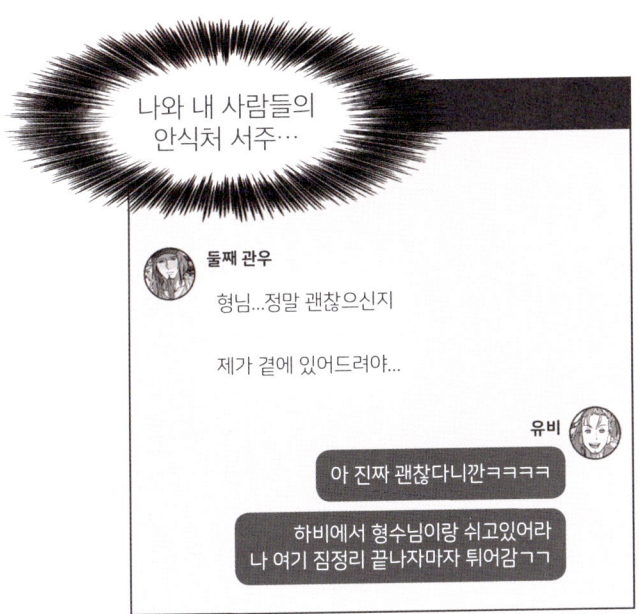

*〈정사〉 유비는 서주 소패에, 관우와 유비 가족은 하비에 머물다.
**〈정사〉 유비, 조조를 배신하고 서주로 도망쳐 땅 멋대로 점거하다.

*〈연의〉 정욱, 조조의 서주 정벌을 반대하다. 그러나 곽가가 편들다.
"비록 원소와 싸우는 중이나 그는 의심이 많아 절대 우리를 공격하지 않을 겁니다."

*〈정사〉 조조, 자신을 암살하려 한 주범인 동승의 삼족을 멸하다.

*〈정사〉 조조, 서주 백성들 학살하다. 시체로 강물이 막히다. 서주 사람들, 이 트라우마에 오래 시달리다.

*〈정사〉 조조, 서주 곳곳에 군사를 보내 유비군 공격하다.
**〈정사〉 하비에 있던 관우, 감부인, 미부인 포위당하다.

五. 유비, 원소에게 가다

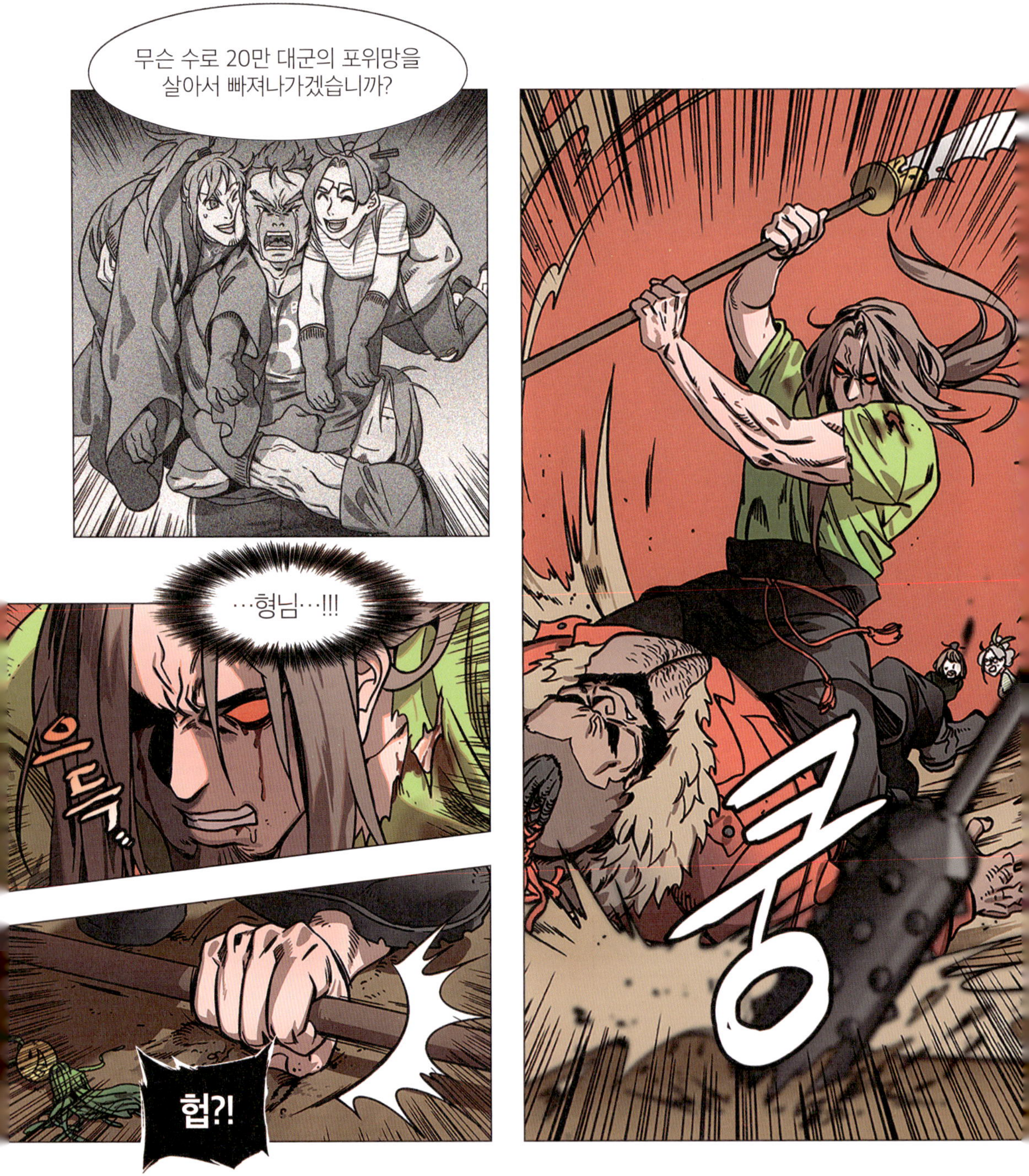

*〈연의〉 관우 고향 동생 장료. 죽음 불사하려는 관우를 설득하다. '장생'은 관우의 어릴 적 이름.
**〈연의〉 장료, 여포 따라 죽으려 했으나 관우가 설득해 항복하고 목숨 건지다.

쐐ㅣ

닥쳐라!

운장씨! 듣지 마.

……

여기서 죽고 싶음 죽어도 돼.

내가… 우리가 같이 죽어줄게!

깜짝!

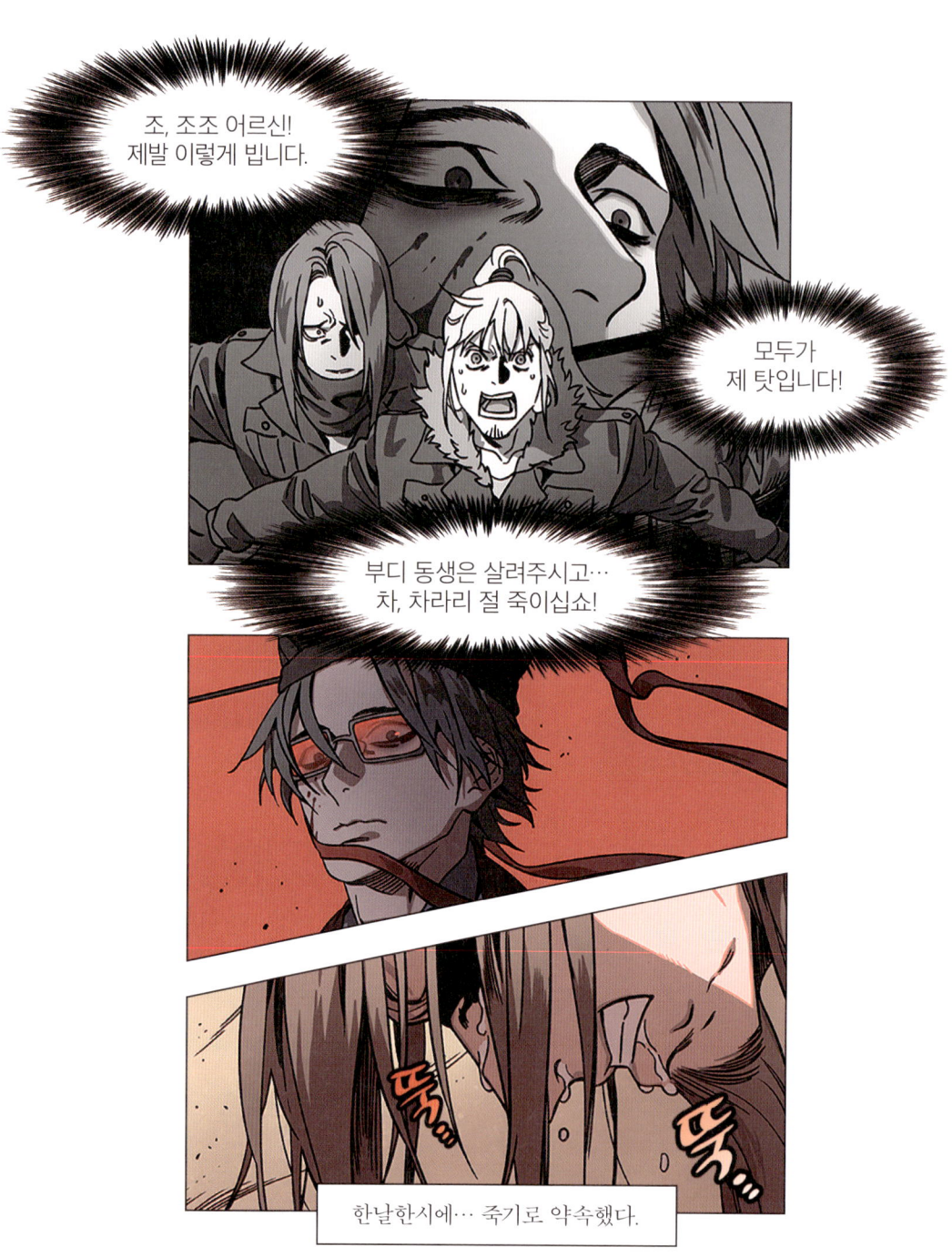

실패로 끝난 유비의 반란.
애써 모은 세력마저 박살나고 말았다.

한편, 서주 북쪽에 위치하며
기주와 맞닿은 너른 땅, 청주.

유비, 원소에게 가다

六.　　　　　　　　　　　　　　　　　원소의 선빵

*〈정사〉 아주 오래전, 제나라 환공이 춘추시대 때 세운 도시라고.

*〈정사〉영천 순씨는 이름난 학자 가문(조조 책사 순욱, 순유도 영천 순씨).

*〈정사〉 원소 아랫사람들, 서로 파벌 갈려 싸우다.

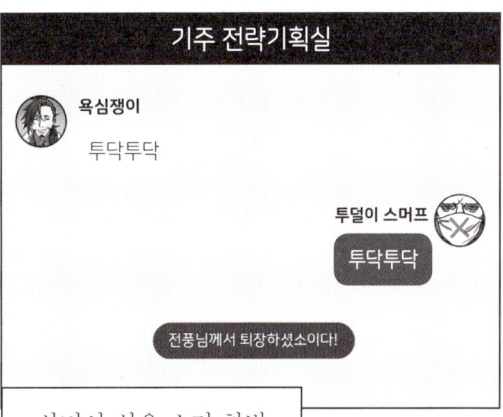

*〈정사〉 원소의 대군, 황하 건너편에 주둔한 채 조조군과 국지전(전투가 한정된 지역에서만 이루어지는 전쟁 형태)만을 벌이다.

*〈정사〉 같은 이유로 『삼국지』 군웅들도 서로 싸울 때마다 왜 싸워야 하는지 적은 문서를 황제에게 올렸다.

七.   진림의 뼈아픈 인신공격

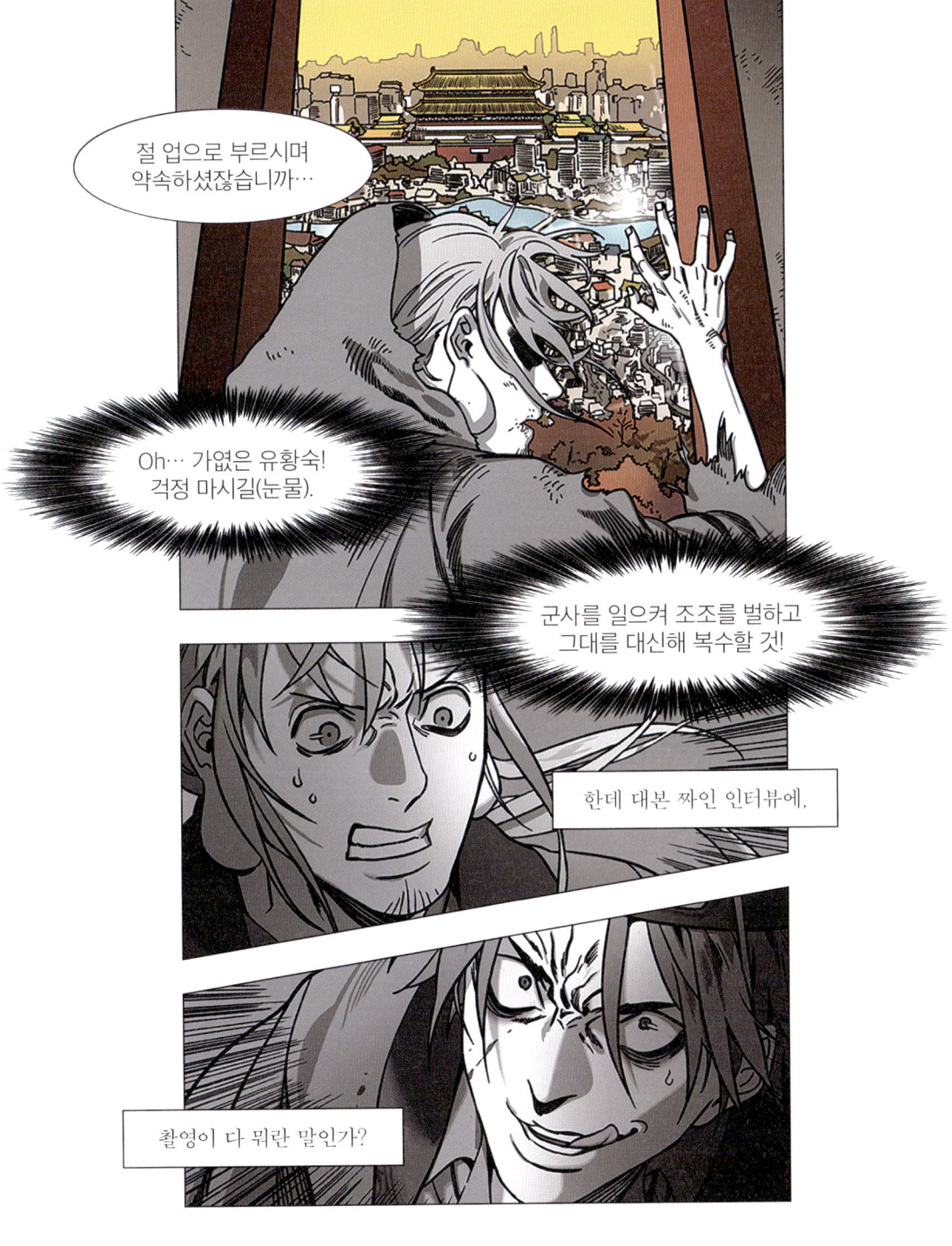

거기다 이 옷이며 머리는 마치

그, 그분 같지 않은가…

유비 조카(?)
조조 꼭두각시
황제 유협
(a.k.a. 헌제)

어허, 복에 겨우셨네?
어르신 이제 스타예요, 스타!

원소군 마케팅팀
신이 내린 글발 진림

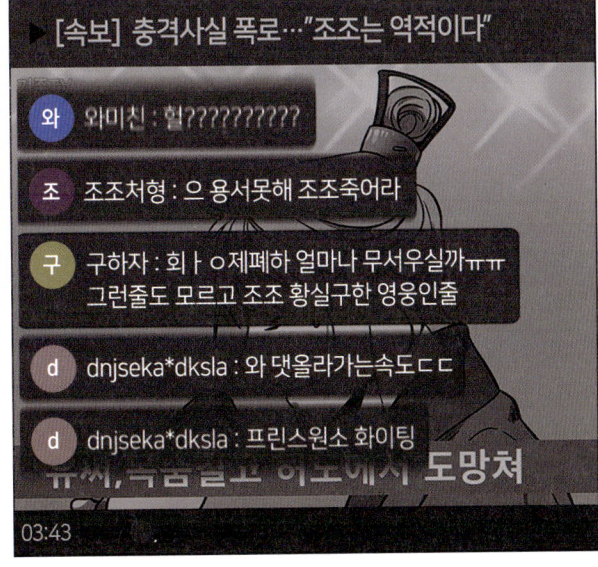

*〈정사〉원소. 황하에 배다리를 놓아 12만 원소군 진격시키다.

황숙의 가족들께선

안 죽고 살아 계십니다.

특히, 관우라 했던가? 둘째 동생분.

반동탁연합 때 단칼에 화웅 목을 베었던.

황숙과 헤어지자마자 조조의 부하가 되었다던데…(눈물)

귓속 깊은 곳에서 둥, 둥, 둥 소리가 울린다.

진림의 뼈아픈 인신공격

*〈정사〉원소 참모 진림, 조조를 토벌하는 명분을 적은 토조격문(討曹檄文, 혹은 토조조서) 발표하다.
조조 집안 3대를 비난하고 원소의 정의로움을 칭송하며 조조 목에 상금 걸다.

八.   미끼가 된 조조

*〈정사〉아만 : 조조의 아명. 조조, 관우에게 편장군 벼슬 내려 자기편 삼다.

*〈연의〉 서황, 백파적(황건적을 중심으로 한 도적 집단)이었던 양봉을 따랐으나 조조군에 몸 담은 친구 만총의 설득으로 조조군에 들어가다.
**〈정사〉 겨우 3만 조조군, 12만 원소군 막으러 백마현으로 나아가다.

*〈정사〉원소. 조조가 황하 건너 후방 치려는 줄 알고 대군을 반으로 나누어 쫓아가다.

내 모가지를 따라오란 말이다.

원소가 거느린 제일가는 장수 맹장 안량

*⟨정사⟩ 맹장 안량, 조조를 추격하다.

九.   관우 vs. 안량

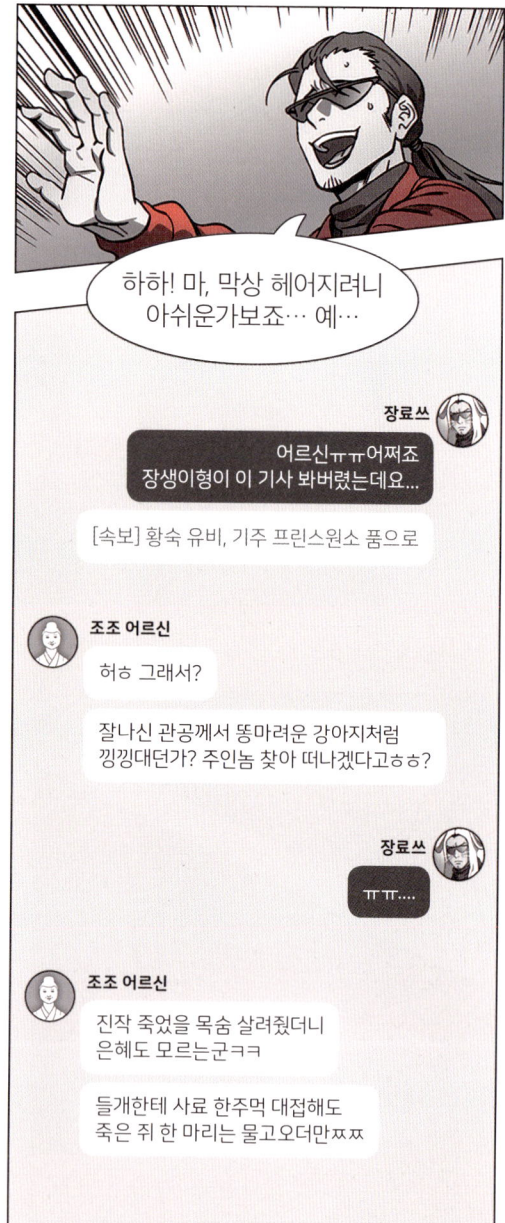

*〈연의〉 관우, 항복하며 조건 달다. "형님(유비)의 생사를 알게 되면 그분께 떠날 테니 막지 마십시오."

*〈연의〉 관우, 원소의 대군 비웃다. "흙으로 만든 닭이나 개일 뿐이로다!"

*〈연의〉 관우, 안량 비웃다. "간판을 세우고 제 목을 팔러 나온 꼴이구나!"

관우 vs. 안량

十. 의심받는 유비

원소의 6만 정예군

*〈정사〉 관우, 원소의 제일가는 장수 안량을 베어버리다.

*〈연의〉 원소, 관우 손에 장수 안량을 잃고 유비를 의심하며 윽박지르다. "그대의 아우가 내 장수를 죽이다니, 미리 내통한 것이 틀림없다!"
**〈연의〉 관우, 사양하며 장비 치켜세우다. 조조, 놀라 친군에 장비 이름 옷깃에 적어두라 이르다. "장익덕 만나거든 가볍게 보지 말라!"

*〈정사〉 원소, 맹장 문추에게 조조를 추격하라 명하다.

*〈정사〉 유비, 원소 장수 문추와 함께 전장에 나가다.

十一. 큰 파티, 작은 파티

*〈정사〉 관우, 원소군 대장 안량을 죽이고 조조를 위기에서 구하다.
**〈정사〉 조조, 원소군 대장 안량을 죽인 관우에게 온갖 벼슬과 비단 옷 등 포상을 베풀다.

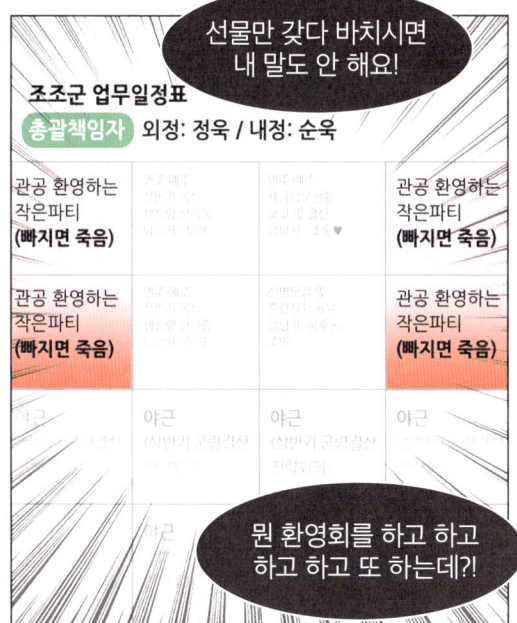
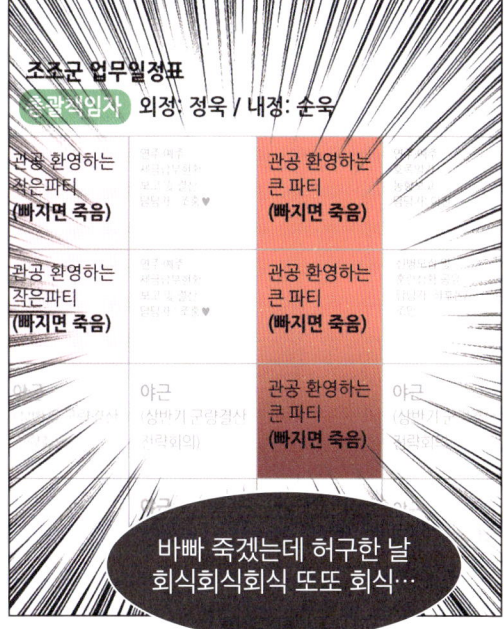

*〈연의〉 조조, 관우 마음을 사기 위해 3일에 한 번씩 작은 잔치를, 5일에 한 번씩 큰 잔치를 베풀다(삼일소연 오일대연).

十二. 새 주인 찾은 적토마

*〈연의〉 관우, 조조가 준 비단옷 위에 낡은 녹색 전포 걸치다.
"검소해서가 아니라, 이 옷을 입으면 형님(유비) 얼굴을 보는 듯하기 때문입니다."

*霸者: 춘추에서 말하는, 힘으로 예를 바로 세우고 질서를 회복하는 강한 리더.

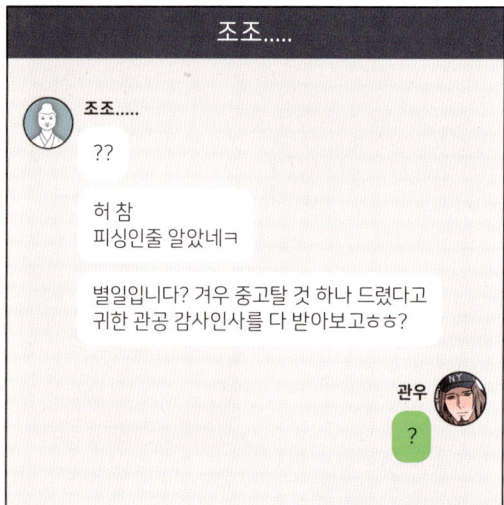

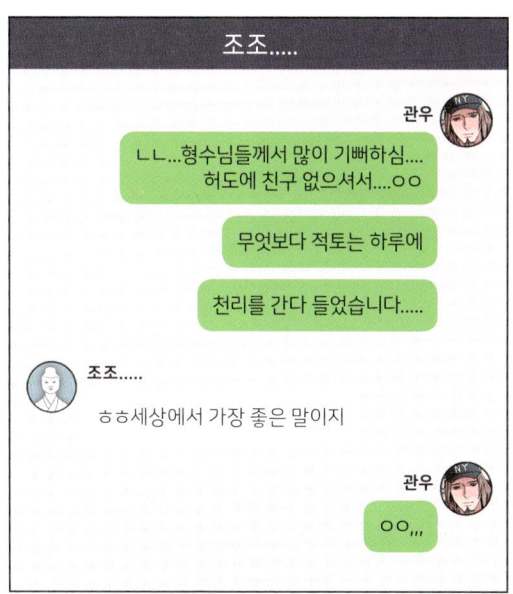

*〈연의〉 조조, 미인계로 관우 사로잡으려 하다. 그러나 관우, 그들을 모두 감부인과 미부인에게 소개하다.

*〈연의〉 관우, 적토마 받고 기뻐하다. "이제 형님(유비)께서 계신 곳에 금방 달려갈 수 있습니다." 조조, 좋은 얼굴 하지 않다.

그러나 조조는 그 무엇도 알지 못해!

그래, 가야 한다… 유비에게로.

내 주인 곁으로!

만약… 이미 죽어 머나먼 저승에 있대도

이 녀석 다리라면 금방 따라갈 수 있을 것…

…빚은 갚고 떠나겠음!

구과과앙!

*〈연의〉관우, 딱 잘라 말하다. "형님(유비)께서 이 세상 사람이 아니라면 땅속까지라도 따라가겠네."

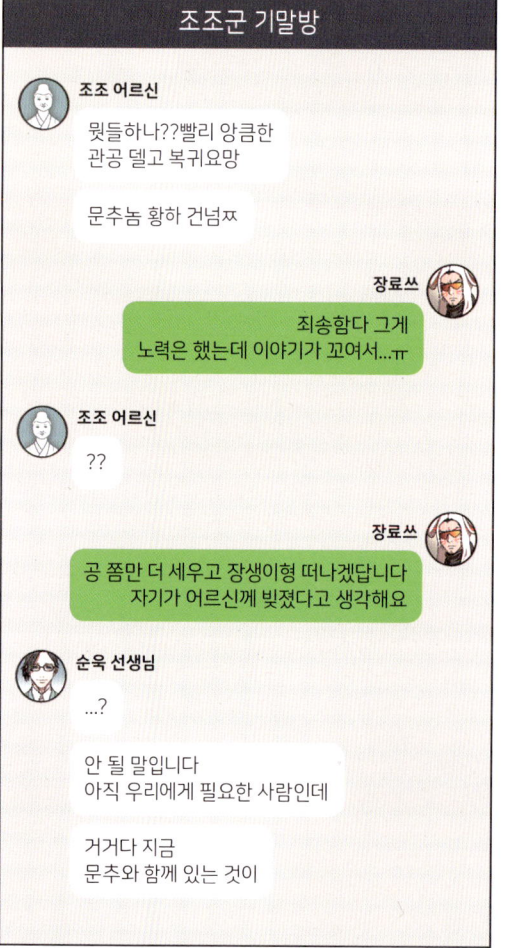

*〈정사〉 맹장 문추가 이끄는 원소 대군, 황하 건너 조조 향해 진격하다.

*〈연의〉 조조 참모 순욱, 조조에게 조언하다. "관운장이 공을 세우지 못하도록 전투에 내보내지 마십시오."
**〈정사〉 원소, 과거에 장료 주군인 여포 받아들이다. 그러나 이용 가치가 떨어지자 암살자들 보내 죽이려 하다.

十四. 문추를 벤 관우

*〈정사〉 조조군 규모의 10배에 달하는 원소 대군, 진격 도중 잔뜩 쌓인 식량더미를 보고 멈추다.

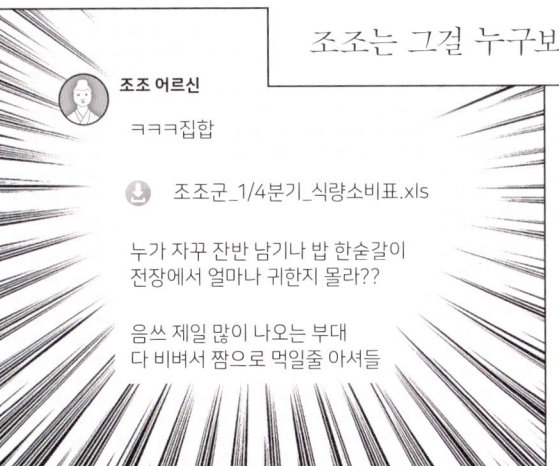

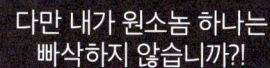

*〈정사〉 원소군, 약탈하는 데 정신 팔리다.

*〈연의〉시황. 포로 신세인 관우를 인정하여 흠모하다.

*〈연의〉 문추, 활을 쏘아 서황과 장료를 궁지로 몰아넣다.

十五. 다시 만난 유비와 관우

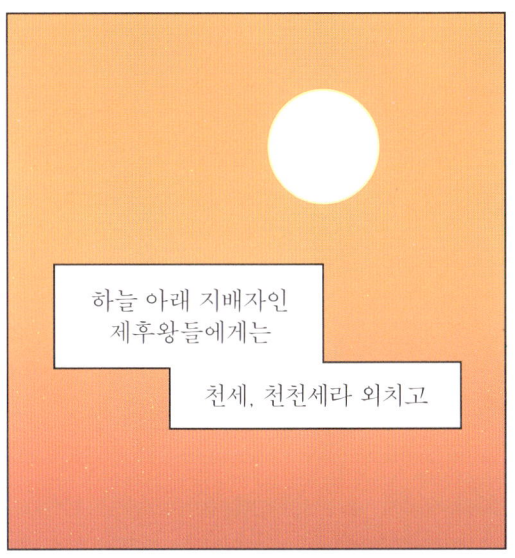

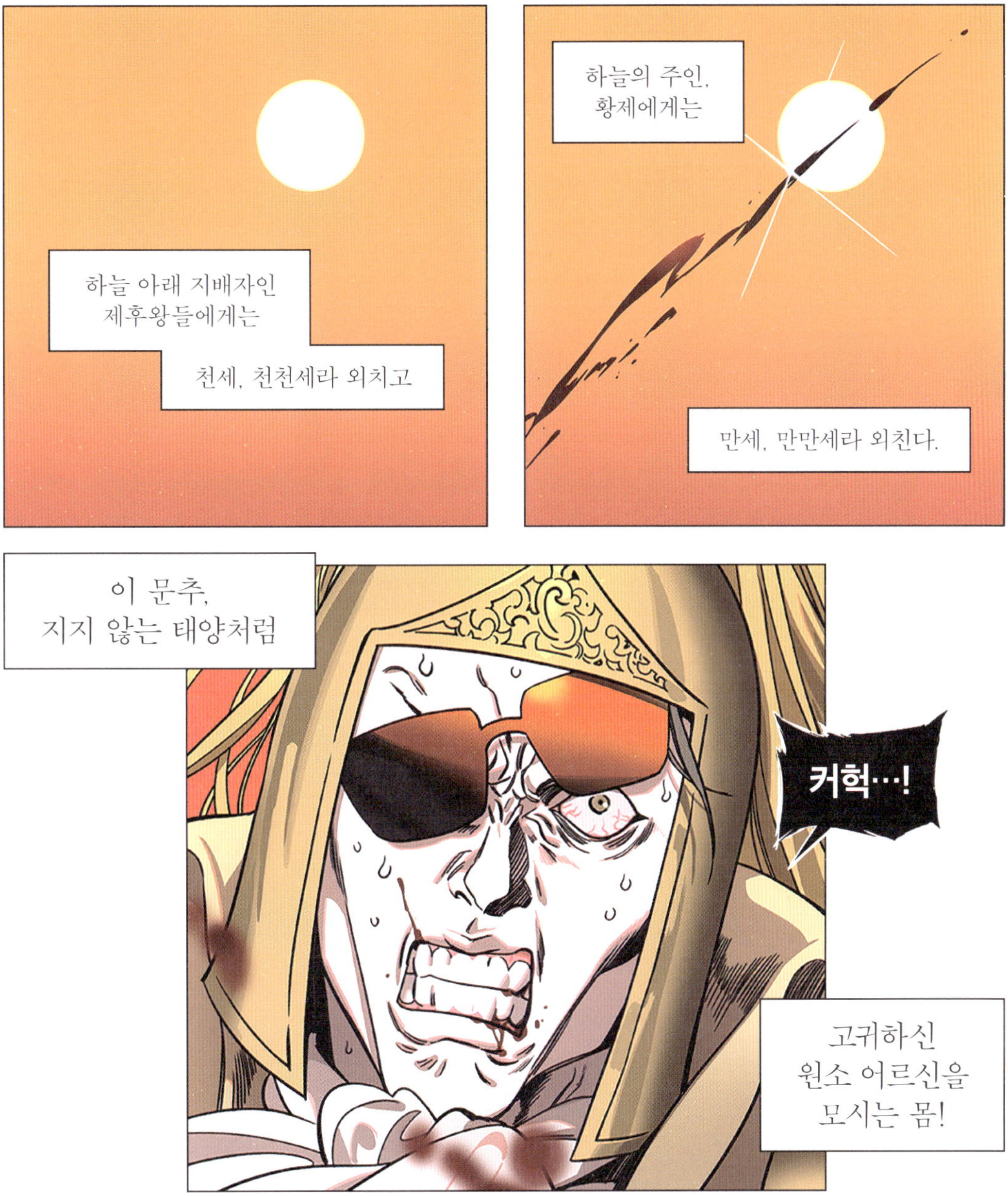

*〈연의〉 조조군 장수들, 맹장 문추의 반격에 맥을 못추다.
**〈연의〉 관우 달려와 문추 목을 뒤에서 베어버리다.

*〈연의〉 관우, 적장에서 공을 세운뒤 조조 곁을 떠나고자 하다. 조조, 관우를 떠나보내지 않으려 근거지 허도에서 대기하라고 명령하다.

*〈연의〉 조조군, 원소군이 대장 문추를 잃고 당황한 틈을 타 사방에서 포위하다.
**〈연의〉 조조군 숫자 10배에 달하는 원소군, 처참하게 무너지다.

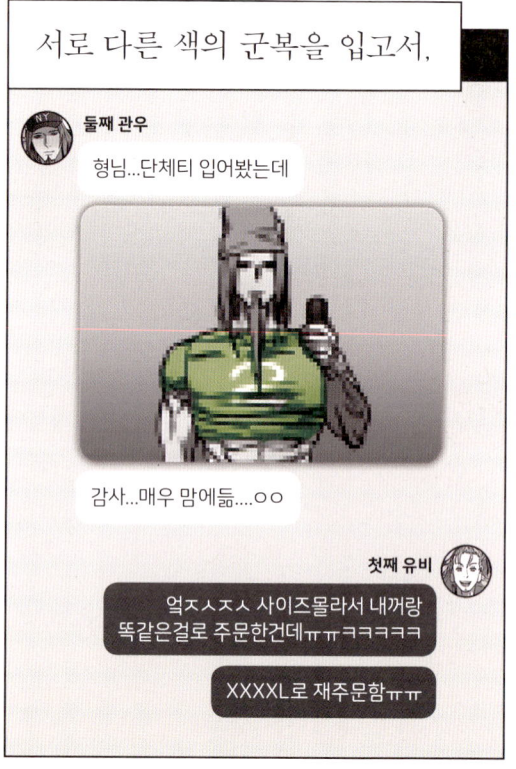

적이 되어 전장에서 만났단 말이냐?!

사람만이 내 유일한 재산.

그런데 널 잃었으니 이제 정말로 빈털터리구나…

차라리 나도 베어라, 둘째야!

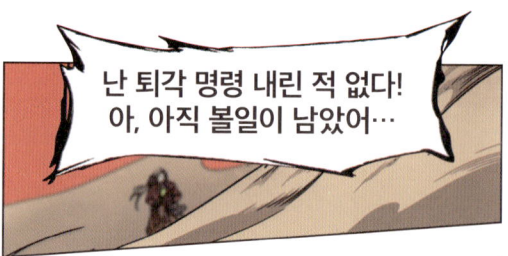

*〈정사〉 조조군, 함정에 빠진 원소군 포위하다. 처참하게 살육하다.

*〈연의〉원소. 장수 안량과 문추를 관우 손에 잃자 유비를 의심하다.

*〈정사〉 저수와 전풍. 전쟁을 멈추라 간언하다.
"당장 전면전을 치를 이유가 없습니다. 시간은 우리 편입니다."

*〈정사〉 저수, 간언하다. "지친 백성들을 위로하시고, 3년간 힘을 길러 그뒤 조조를 사방에서 압박하시면 당해내지 못할 것입니다."

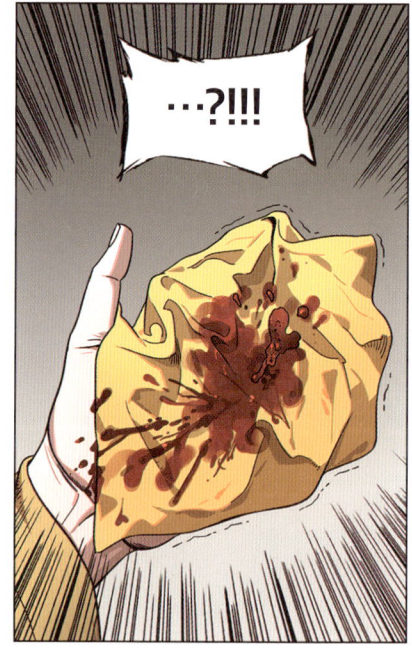

빌어먹을! 누구 맘대로?!
양심도 없지!

조조놈을 죽이고
황제 놈을 발아래 두어

모든 걸 손에 넣기 직전인데…

컥…

원소! 원소! 원소!

안 돼…

'프린스 원소'가 쓰러지면
우리 모두 다 끝장이다!

十八.　　　　　　　　　　감녕의 화려한 외출

……

암! 아니라곤 못 하겠지.

원소, 당신은 유표를 믿지 않아.

거대한 형주 땅을 다스리는 그가 성가시고

형주

또 미칠 듯이 신경쓰이겠지!

'원소'가 북쪽에서, '유표'가 남쪽에서 공격하면

조조는 꼼짝없이 독 안에 갇힌 쥐 신세!

*〈정사〉 유비, 호소하다. "여남으로 가 (조조에게 반항하는) 반란을 돕고, 유표에게 가서 조조를 협공하자고 설득하겠습니다!"

*〈연의〉 원소, 기뻐하다. "조조를 남쪽에서 압박하고, 관우가 내 아래로 들어온다면 잃은 것보다 열 배는 큰 이득일 것이오!"

왜 돈 안 받아~?
봉투 값 100원 달라며~!

알바생 덕이
(사장 손녀, 중3)

죄, 죄, 죄송한데요…

호, 호, 혹시 현금 없으세요?

₩100,000,000

너, 너, 너, 너, 너무 큰 돈이라 거슬러드릴 잔돈이 없어서…

피도 눈물도 없는 장강의 무법자
감녕수적단 졸개들

쓰읍! 말 같은 소릴 해라 어엉~?!

*수적水賊 : 물위에서 약탈하는 도적떼. 바다는 해적海賊, 산은 산적山賊.

十九.

Flex의 제왕, 감녕

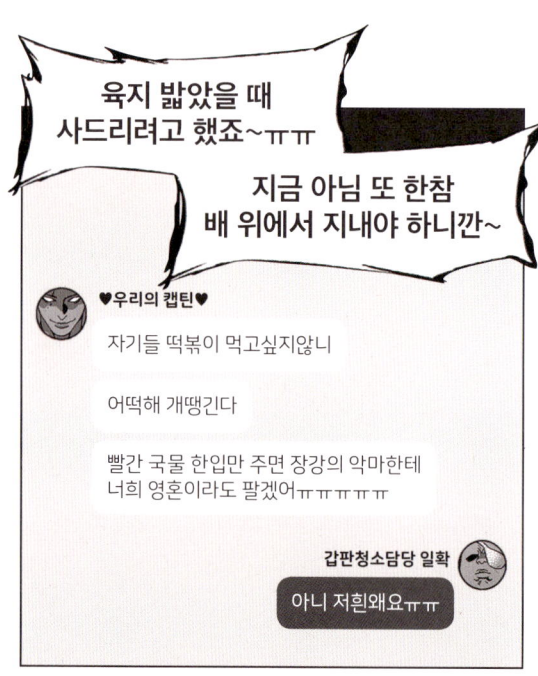

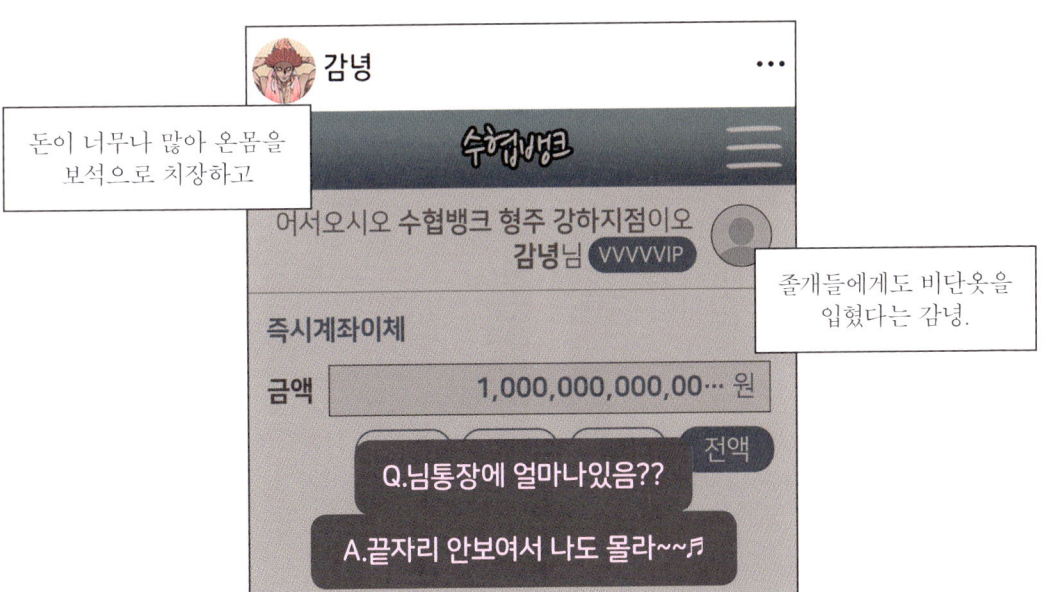

*〈정사〉 감녕. 비싼 구슬과 방울로 몸 장식하니 길을 때마다 소리 나다. 부하들 모조리 값비싼 비단옷 입어 거리에서 빛이 나다.「감녕전」

二十.

능통 아빠, 능조

호랑이는 처음부터

왕으로 태어나는 게 아니다.

송곳니를 갈고

발톱을 날카롭게 세우고

먹잇감의 단단한 뼈를 부수고…

장강 너머 북쪽에서는 불길이 치솟고

남쪽 유표는 우리를 눈엣가시로 여겼건만…

그딴 해이한 정신머리로 대체 무엇을 지키랴!

답해보라! 네놈에게 가장 중요한 것은 무어냐?!

과, 관도에 눈 쏠린 사이 우리 역량을 키우는 것입니다!

틀렸다.

…!!!

*〈정사〉 원소와 조조, 관도에서 큰 싸움 벌이다. 온 나라가 주목하다.

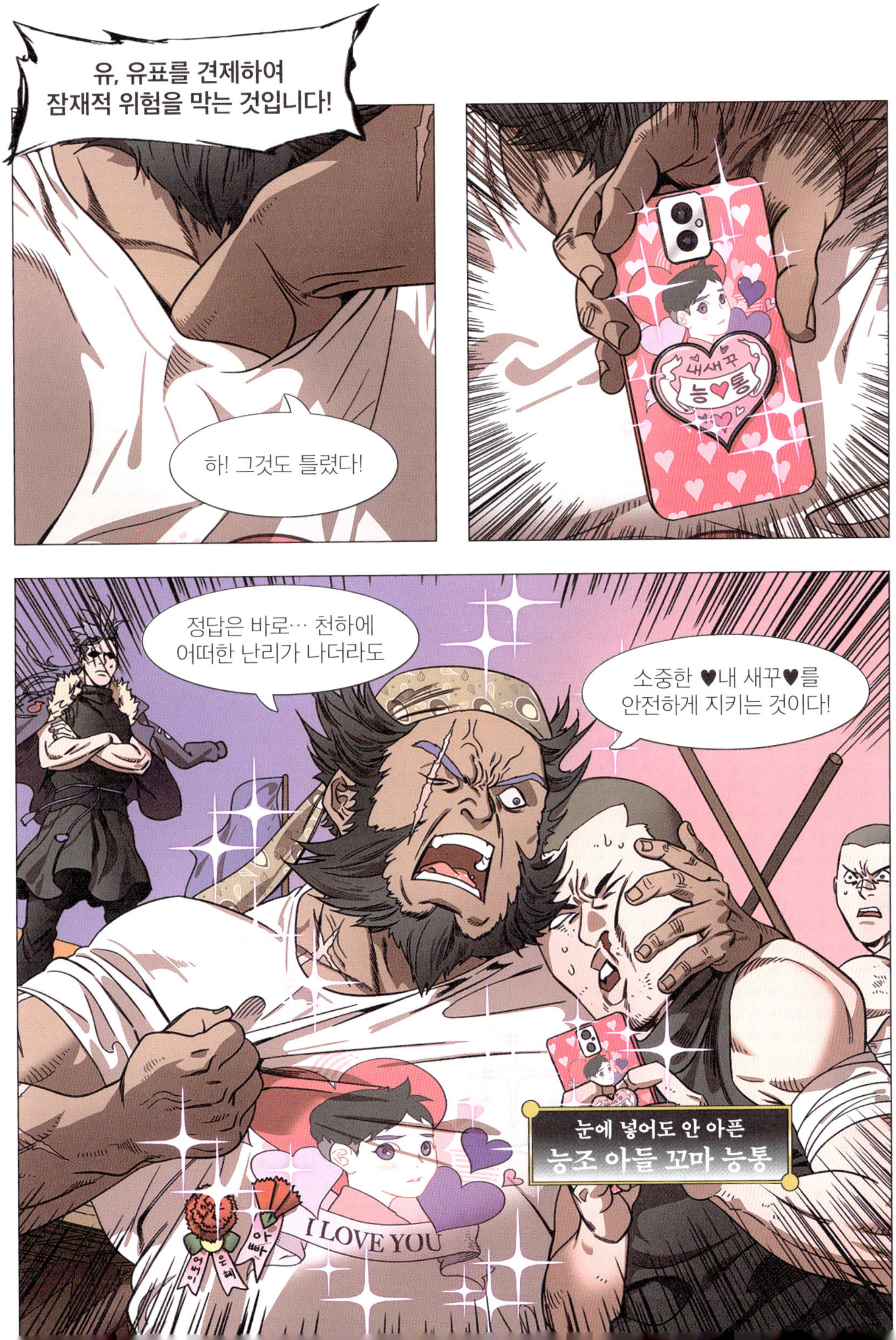

二十一. 감녕, 능조를 죽이다

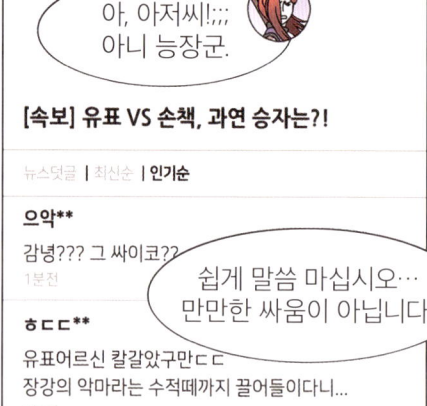

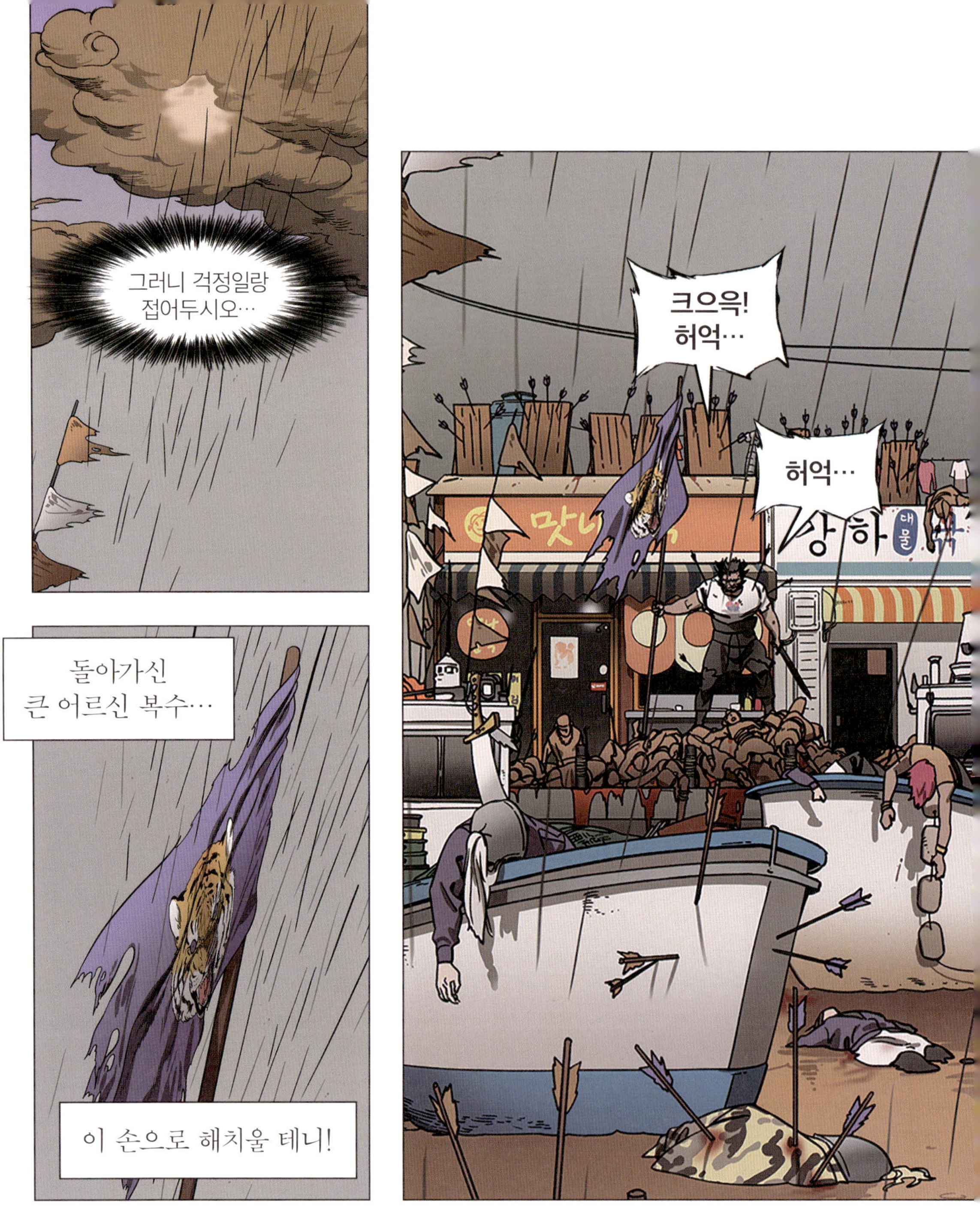

*〈정사〉 능조가 이끄는 손책군과 감녕이 이끄는 유표군, 강하에서 처참하게 싸우다. 능조, 유표군 밀어붙이다.

치킨? 아니면 피자

갑판청소담당 일확
벼슬받으면 하고싶은거??
엄마한테 전화부터 해야쥼ㅋㅋㅋ

사실 배타고 쫓겨낫거드놈
도둑놈 키운적 없다고ㅠㅠ

두목님 부츠세탁담당 천금
나도ㅠㅠ

*〈정사〉 유표, 마치 자신이 황제인 양 거들먹거리다. 허도 황제는 동탁이 세운 가짜라 무시하고, 황제만이 올릴 수 있는 제사를 올리다.

아름다운 것은
공들여 만든 것이고,

공들여 만든 것은
값비싸기 때문이지…

삶과 기술을 갈아넣은 명작!
아무나 가질 수 없는 완벽함!

그걸 차지하는 건
오직 소수의 인간뿐.

…어르신, 자기야.
내가 왜 전장에서도

아름다움을
추구하는지 아니?

*〈정사〉감녕. 값진 물건을 즐겨 쓰다. 값비싼 비단으로 배를 항구에 묶어두었다가 떠날 땐 칼로 베어버리다.

*유비의 경로: 유비, 원소 곁을 떠나 유표 찾아가다. 원소 근거지 기주에서 출발→예주 여남에서 조조에 맞서 싸우는 유벽 반란군 지원→형주 양양에서 유표에게 합류. 총 이동 거리 한반도 길이 1.5배 남짓으로 추정.

*〈정사〉유표 前부하 감녕. 내로라하는 명문가 재산 털고 다니다. 체면 중시하는 유표로서는 끌어안기 쉽지 않았을 것. 「감녕전」

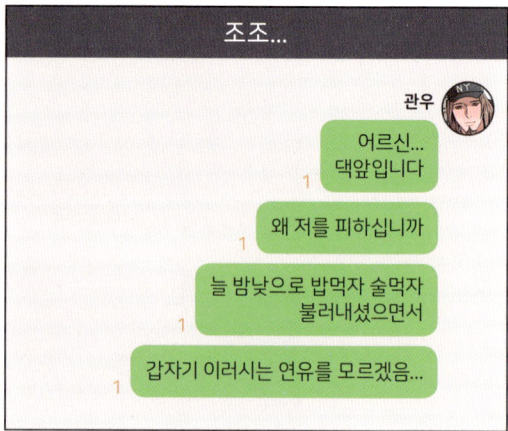

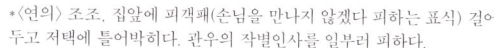
*〈연의〉 조조, 집앞에 피객패(손님을 만나지 않겠다 피하는 표식) 걸어두고 저택에 틀어박히다. 관우의 작별인사를 일부러 피하다.
**〈연의〉 조조, 각종 쪼잔한 수단 동원하다. 관우와 친한 장수인 장료에게도 관우를 피하라 명령하다.

칵, 어쩌라고?! 붙잡을 구실이 없는데 구실이!!!

망할 놈… 내가 유비놈보다 뭐가 딸리는데, 어?

돈 많지, 힘 세지!

됐다! 존버는 승리하는 법. 흥, 저러다 포기하고 눌러앉겠지…

어르신! 큰일났습니다! 관장군이 사라졌는덥쇼?!

二十四. 도장과 황금을 돌려주다

*〈연의〉 조조, 도망친 관우를 부랴부랴 쫓아가다.
**〈연의〉 그러나 관우, 길목에 가만히 선 채 조조를 기다리다.

*〈연의〉 조조, 관우에게 비단옷 한 벌 선물하다.

*⟨연의⟩ 조조, 옷과 함께 황금도 한 접시 내밀다. "옷은 그대를 기리는 내 마음이요, 금은 여행 자금으로 쓰시오!"

*〈연의〉 관우. 황금을 사양하며 돌려주다. "고생하는 군사들에게나 상으로 나누어주십시오."

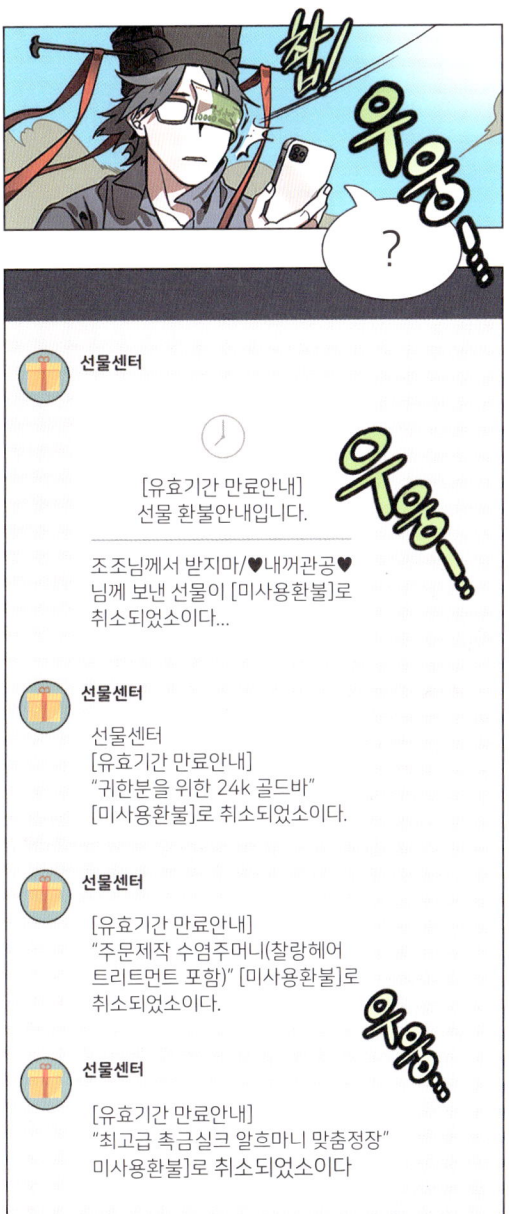

*〈연의〉 관우, 횡 떠나다. "뒷날 다시 뵐 일이 있을 것입니다."
**〈정사〉 관우, 조조가 준 벼슬도장(인수)과 온갖 보물 돌려주다. 창고에 봉인해두고 빈손으로 떠나다(괘인봉금掛印封金).

기주까지 직선으로 가는 것이 가장 빠르겠으나, 그 주변은

조조와 원소가 싸우는 전쟁터!

거기다 가로지르려면

빽빽한 조조군 전선을 뚫고 가야 하는데…

한 번은 날 풀어줬으나 워낙 변덕스러운 자이니…

다시 붙잡으려 들 게 뻔하다!

*〈연의〉 동령관 문지기 동수, 호통치다.
"우리 적인 원소에게 가겠다니, 부인들께서 인질이 되시면 보내주겠소!"
**〈연의〉 관우, 순식간에 수문장 동수의 목을 베어버리다.

*〈연의〉 동수 부하들, 놀라서 모두 도망치다. 관우, 즉시 제1관문 동령관을 빠져나가다.

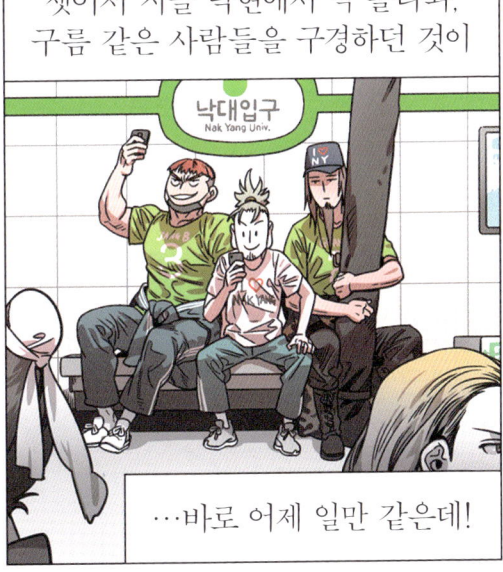

*〈연의〉 관우, 장수 한복이 거느린 부하 맹탄에게 화살 맞다.
**〈연의〉 관우, 팔에 박힌 화살을 이로 물어 뽑아내다.

*〈연의〉 관우, 문지기 한복과 그 부하 맹탄 베어 죽이다. 화살 맞은 몸으로 제2관문 낙양을 빠져나가다.

벌써 다섯 관문 중 절반을 왔다…

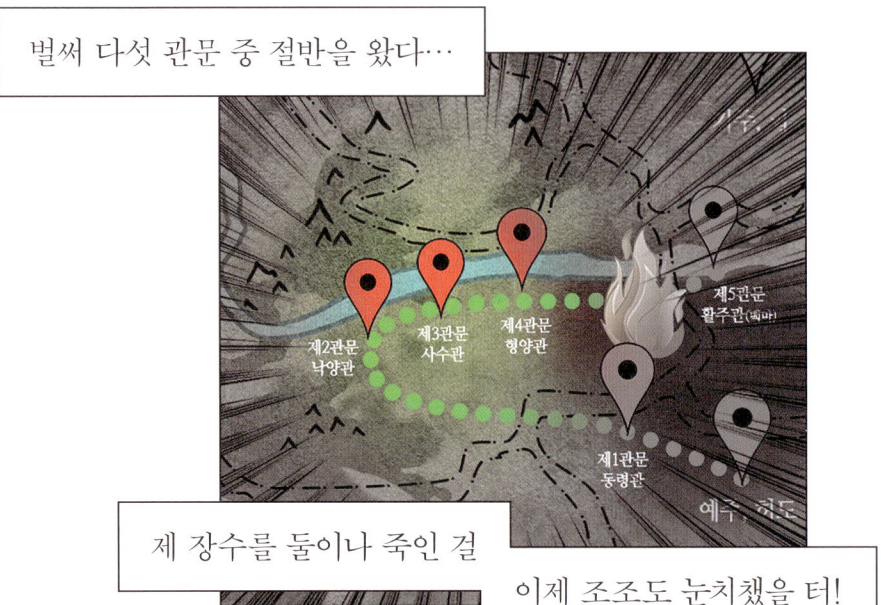

제 장수를 둘이나 죽인 걸 이제 조조도 눈치챘을 터!

밤은 위험해…

나무아미타불.

오랜 역사를 자랑하는 사찰
진국사鎭國寺
승려 보정스님

보살님들. 그리고 처사님!
어인 일로 깊은 밤을 헤매십니까?

?!!

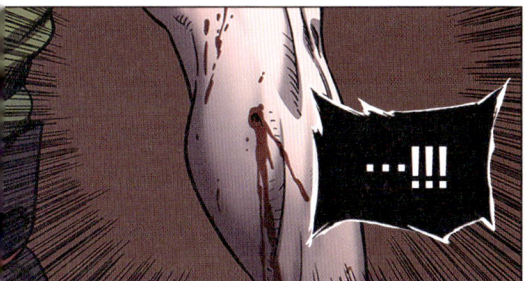

*〈연의〉 보정스님, 매우 반가워하다.
"같은 고향(포동浦東) 사람을 만나니 반갑습니다. 개울 하나를 사이에 두고 관공과 소승의 집이 마주보고 있었습니다."

*〈연의〉 관우, 제3관문 사수관 문지기 변희의 허리를 두 동강 내다. 자객들 닥치는 대로 베어버리다.

二十七.　　　　　　　　관우, 다섯 관문을 지나다 下

자아, 어서 받으시지요!
언제까지 어깨춤을 추게 할 거여~?

*〈연의〉 관우, 왕식이 내민 술 사양하다.

*〈연의〉 왕식, 관우가 자는 사이 숙소에 불질러 태워 죽이고자 하다. (왕식은 관우가 죽인 제2관문 수문장 한복과 친구 사이)
**〈연의〉 왕식, 관우 숙소 주변에 군사 1천 명을 매복시키다.

봐봐! 반동탁연합 땐 여포와 수십 합 겨루어 살아남고

원소네 안량과 문추를 단칼에 작살냈다는데…

와우ㄷㄷㄷ 미쳤네. 사람 안 같다…

칵! 안 여무냐?! 매복중에 주절주절…

이런 거 다 뽀샵이야~ 엉?

요샌 눈, 코, 입도 떡대도 다 만들어내는 거 모르냐ㅋㅋ?

쿵 쿵 쿵!

*〈연의〉호반. 몰래 관우 숙소에 숨어들다. "이름은 익히 들었으나 어찌 생겼는지 궁금하니 한번 봐야겠구나!"

*〈연의〉 관우. 깊은 밤 등불에 의지해 조용히 책 읽다.

*〈연의〉 호반, 관우의 풍모에 반하다.
"과연 하늘이 내린 인물이로다!"
대화 끝에, 하마터면 충의지사를
죽일 뻔했다며 한탄하다.

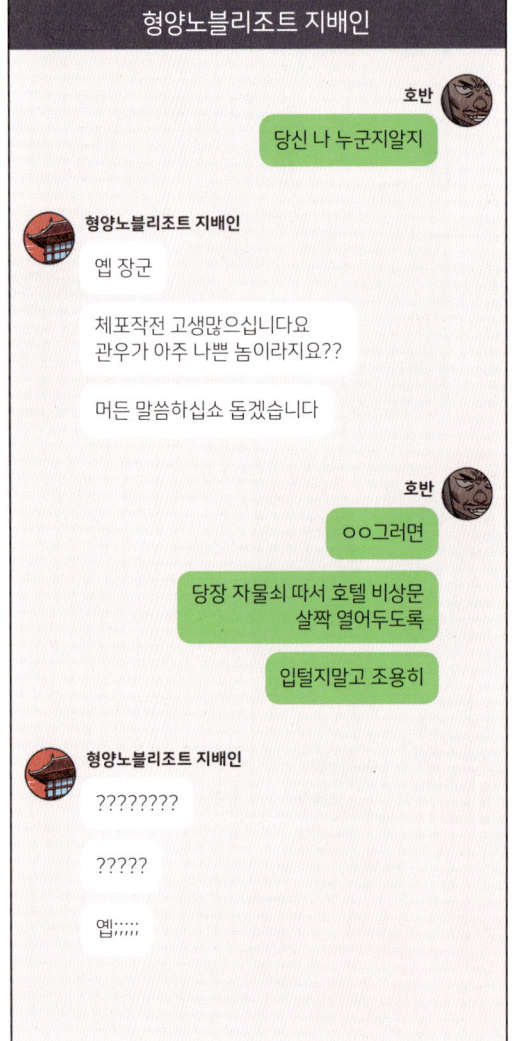

*〈연의〉 호반, 숙소 뒷문 살짝 열어 관우 빼돌리다. 관우, 왕식을 쓰러뜨리고 감부인, 미부인과 함께 형양관을 무사히 빠져나가다.

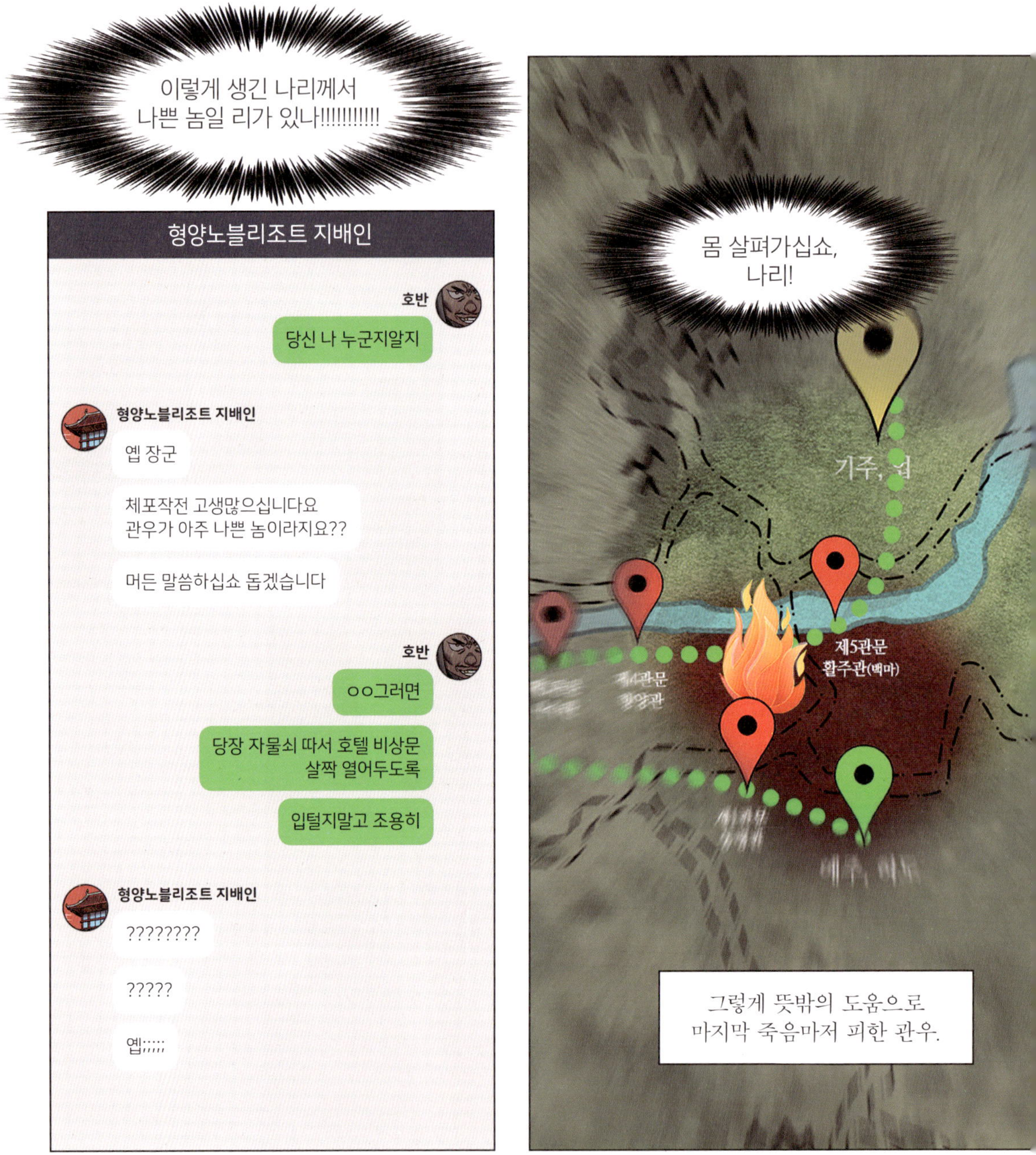

*〈연의〉관우, 활주관 수문장 진기의 목을 베다.

*〈연의〉 관우, 조조 곁을 떠나 유비에게 가다. 앞길 가로막는 조조의 장수 여섯 명을 죽이다.

*〈연의〉 장료. 허겁지겁 달려와 관우 죽이려는 하후돈 말리다.

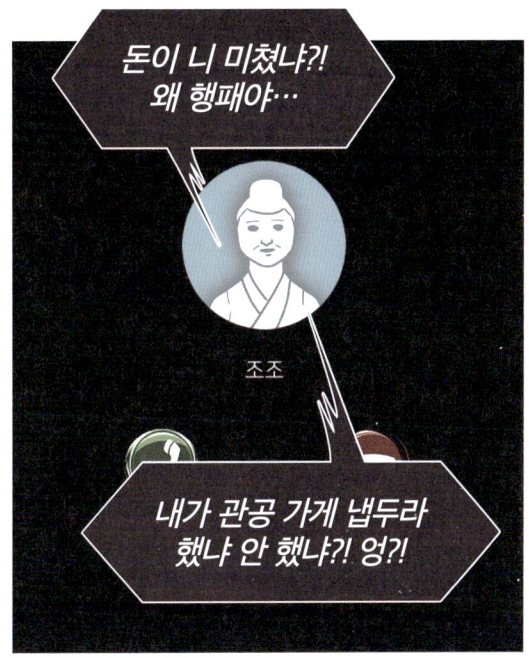

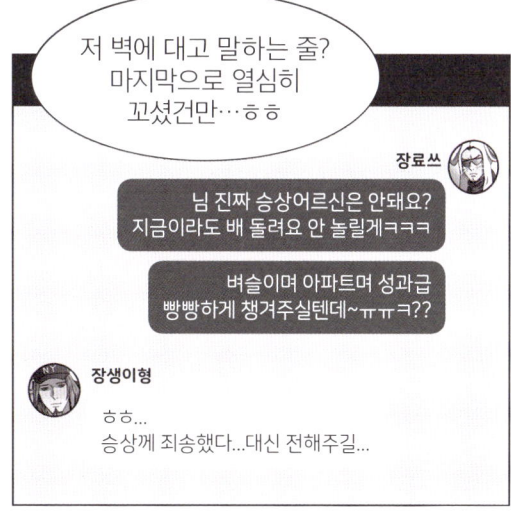

*〈연의〉 조조, 관우를 자유로이 놔주라 명령하다. 관우, 활주에서 배를 타고 황하 건너 기주로 떠나버리다.
**〈연의〉 장료, 관우에게 은근히 권하다. "다시 승상(조조)께 돌아가심은 어떠할지요…" 그러나 관우, 빙그레 웃고 말다.

*〈사자성어〉 單騎千里 : 외롭고 험한 여정. 관우가 홀로 천릿길 달려간 일화에서 유래한 말.

유비를 찾아 문지기들을 베어가며
천릿길을 달린 관우의 여정은

[특집] 관우가 달려간 천릿길 "지도로 체크!"

▶ 관우, 기주에서 유턴해 여남으로 향하는중

끝까지 탈 많은 여행이었으나

"알고보니 유비, 제1관문 근처에 있었어"
"유비형님 계신 곳이라면 땅끝까지라도 따라갈것"

02:19

기주, 업

제3관문 사수관
제4관문 형양관
제5관문 활주관(백마)
제1관문 동령관
예주, 허도

수많은 사람들을 놀라게 했다.

머나먼 길을 달린 끝에 관우,

드디어 유비 바로 곁에 다다랐으니…

*〈연의〉 알고 보니 유비, 허도 근처 여남 땅에 있다 하여 관우, 다시 출발집으로 달려가다.

이 험한 세상 무사히 살아가라고…

 고성경찰청에서 알려드리오!

[고성 재난문자]🚫
!!!숲속에 숨어있는 깡패주의!!!

웬 도적놈이 관리들을 내쫓고 고성 요새를 멋대로 차지하고는 행패 부리고 있소이다!

백성여러분께서는 이자를 특별히 조심하시오. 범죄신고 국번없이 112…

고성 깡패두목 장씨

우웅!

아우…?

제12권, 「관도대전」 5부로 이어집니다

삼국지톡 11
ⓒ 무적핑크, 이리/YLAB

초판인쇄	2025년 9월 12일
초판발행	2025년 9월 19일
글	무적핑크
그림	이리
기획·제작	YLAB
책임편집	이보은
편집	김지애 김지아 김해인 조시은
디자인	이현정 이혜정
저작권	박지영 형소진 주은수 오서영 조경은
마케팅	정민호 서지화 한민아 이민경 왕지경 정유진 정경주 김혜원 김예진 이서진
브랜딩	함유지 박민재 이송이 박다솔 조다현 김하연 이준희
제작	강신은 김동욱 이순호
펴낸곳	㈜문학동네
펴낸이	김소영
출판등록	1993년 10월 22일 제2003-000045호
주소	10881 경기도 파주시 회동길 210
전자우편	comics@munhak.com
대표전화	031-955-8888	팩스 031-955-8855
인스타그램	@mundongcomics
카페	cafe.naver.com/mundongcomics
트위터	@mundongcomics
페이스북	facebook.com/mundongcomics
북클럽문학동네	bookclubmunhak.com
ISBN	979-11-416-0211-6 04910
	978-89-546-7111-8 (세트)

- 이 책의 판권은 지은이와 ㈜문학동네에 있습니다.
- 이 책 내용의 전부 또는 일부를 재사용하려면 반드시 양측의 서면 동의를 받아야 합니다.
- 잘못된 책은 구입하신 서점에서 교환해드립니다. 기타 교환 문의 031-955-2661 | 031-955-3580

www.munhak.com